Guía de lectura

Escrita por Pierre Weber
Traducida por María Olivera Álvarez

El principito

de Antoine de Saint-Exupéry

Entiende fácilmente la literatura con

ResumenExpress.com

www.resumenexpress.com

ANTOINE DE SAINT-EXUPÉRY

ESCRITOR, POETA Y AVIADOR FRANCÉS

- **Nació en 1900 en Lyon (Francia)**
- **Murió en 1944 frente a las costas de Córcega (Francia)**
- **Algunas de sus obras:**
    - *Vuelo nocturno* (1931), novela
    - *Tierra de hombres* (1939), novela
    - *El principito* (1945), novela

Aviador y escritor francés, Antoine de Saint-Exupéry nació en 1900 en Lyon y murió en 1944 frente a las costas de Córcega durante un vuelo de reconocimiento sirviendo a las fuerzas aliadas. Pionero de la aviación postal y explorador incansable, publica entre los años 20 y 30 sus primeras obras literarias, en gran parte autobiográficas (*Correo del Sur*, 1929; *Vuelo de noche*, 1931).

El principito (1945) y *Tierra de hombres* (1939, Gran Premio de Novela de la Academia Francesa) han sido dos de sus éxitos literarios más importantes.

EL PRINCIPITO

UN CUENTO UNIVERSAL Y PROFUNDO

- **Género**: cuento
- **Edición de referencia**: de Saint-Exupéry, Antoine. 2001. *El principito*. Traducido por Bonifacio del Carril. Barcelona: Salamandra
- **Primera edición**: 1943
- **Temáticas**: infancia, aprendizaje, mundo de los adultos, amistad/amor, vida/muerte

Cuento filosófico particularmente célebre, *El principito* es la historia de un aviador que ha aterrizado forzosamente en el desierto del Sáhara y de un niño que parece ser que ha descendido directamente desde las estrellas. Relato iniciático con una fuerte dimensión simbólica, se publicó primero en 1943 en Estados Unidos, traducido al inglés y con ilustraciones del autor, y después, en Francia en 1945 tras la muerte del escritor.

Referencia imprescindible de la literatura francesa, su éxito en las librerías sigue siendo innegable en la actualidad.

RESUMEN

UN NIÑO CAÍDO DEL CIELO

Escrito en primera persona del singular, *El principito* comienza con algunos recuerdos de infancia del narrador de tiempos en los que le gustaba dibujar serpientes boas. Pero cuando enseñaba su «obra de arte a las personas mayores» (de Saint-Exupéry 2001, cap. 1), estas le aconsejaban que se centrara en la «geografía, la historia, el cálculo y la gramática» (*ib.*).

Tras una infancia solitaria, el narrador se convierte en aviador. Y después de un aterrizaje forzoso en medio del Sáhara conoce al principito. Es un niño aparentemente igual a los demás que se ha perdido en el desierto y al que, sin embargo, no parece faltarle de nada. El niño le despierta después de una primera noche a la espera y le dice: «¡Por favor... píntame un cordero!» (de Saint-Exupéry 2001, cap. 2).

Sorprendido, el aviador procede. Pero ninguno de sus bocetos parece ser del gusto del principito. Agotada su paciencia, termina dibujándole una caja con agujeros y le anuncia al niño: «El cordero que quieres está adentro.» (de Saint-Exupéry 2001, cap. 2). Este dibujo le convence y, feliz, se da cuenta de que el cordero se ha dormido.

UNA COTIDIANIDAD POCO BANAL

Según van pasando los días, el narrador aprende a conocer

al principito. Descubre que viene del asteroide B612, un planeta tan pequeño que casi ni parece más grande que una casa. La vida del principito consta de actividades cotidianas, como deshollinar sus tres volcanes o cortar los baobabs, unas malas hierbas que representan una amenaza para el planeta si se deja que alcancen su tamaño adulto.

Al principito le gustaba contemplar los atardeceres de sol: el asteroide era tan pequeño que con desplazarse algunos metros se podía ver otro nuevo crepúsculo. De esta forma, el niño dice haber visto un día cuarenta y tres puestas de sol.

El niño también le cuenta al hombre la historia de su rosa. Un día, estuvo presente en el nacimiento de una rosa tan bella como exigente. Se enamoró de ella, pero los caprichos incesantes de la coqueta flor abusaban de su paciencia.

LA EXPLORACIÓN DEL MUNDO

El principito está decidido a abandonar su rosa y su asteroide para explorar los planetas. En su camino se encuentra con una serie de personajes muy variopintos: el autoproclamado rey que domina un reino ilusorio, el vanidoso, el bebedor, el hombre de negocios obnubilado por contar las estrellas de las que se ha adueñado, el farolero (cuyo planeta es tan pequeño que tiene que trabajar continuamente), y, por último, el geógrafo (escritor de grandes libros que se resiste a explorar por sí mismo el mundo). El principito está impresionado ante las preocupaciones absurdas de estos personajes y su soledad.

Después, el niño llega a la Tierra. Allí conoce a una serpiente que se expresa con enigmas, después a «una flor de nada» (de Saint-Exupéry 2001, cap. 18); allí descubre también el eco de las montañas y, finalmente, se encuentra en medio de un jardín de rosas, donde se dio cuenta con tristeza de que la suya no era para nada única.

LO ESENCIAL EN LA VIDA

Un día conoce a un zorro que deseaba de todo corazón que el principito lo domesticara. El zorro le explica que la palabra «domesticar» significa «crear vínculos» (de Saint-Exupéry 2001, cap. 21) y entablan amistad. Este momento permitió que el principito comprendiera el verdadero sentido de la amistad. Abandonó a su compañero con tristeza.

Las últimas personas que conoce el principito son el guardavía (que organizaba los trenes abarrotados) y el comerciante (que vendía píldoras que quitaban la sed). Después vuelve al desierto, donde se encuentra de nuevo con el narrador.

Han pasado ocho días desde que el narrador y el principito se conocieron y la falta de agua empieza a preocuparles. El principito lleva al narrador a un pozo, símbolo de la fuente inagotable y del tesoro escondido en cada cosa y cada persona: «Lo que más embellece al desierto [...] es el pozo que oculta en algún sitio.» (de Saint-Exupéry 2001, cap. 24).

Pero llega la hora de separarse. El narrador consigue arreglar su avión y al principito lo muerde la serpiente para liberarse de su cuerpo y volver a su planeta, donde podrá ocuparse de nuevo de su rosa. El cuento termina evocando de forma conmovedora los recuerdos del narrador: «Nada en el universo habrá cambiado si en cualquier parte, quién sabe dónde, un cordero desconocido se ha comido o no se ha comido una rosa...» (de Saint-Exupéry 2001, cap. 27).

ESTUDIO DE LOS PERSONAJES

EL PRINCIPITO

De cabello rubio, bufanda volando eternamente en el viento y risa cristalina, el principito es un niño misterioso que viene de un planeta lejano. Sensible y curioso, nunca renuncia a hacer una pregunta, a explorar el universo y a comprender el sentido del mundo y de la vida. Es la encarnación de la inocencia y de la pureza de la infancia: su origen impreciso y su apariencia celeste permiten hacer de él un arquetipo del niño.

Varios modelos le sirvieron a Saint-Exupéry para construir este personaje. Su personalidad estaría inspirada directamente en niños de sus amigos. En cualquier caso, la gestación del personaje fue bastante lenta (uno de los primeros bocetos aparece en 1940 en una carta dirigida a su amigo Léon Werth, persona a la que, de hecho, dedica el cuento). Además, la idea de que aparezca en medio del desierto se debe en gran medida a un accidente que tuvo Saint-Exupéry en Libia, cuando una caravana de nómadas lo salvó (una ayuda «caída del cielo», diría él).

Si bien nunca se define claramente lo que busca el principito, encontramos las mayores cuestiones existenciales para un niño: el amor, la amistad, el sentido de la vida, la muerte, etc. Sus palabras, que parecen ingenuas, demuestran ser a menudo profundas.

EL NARRADOR

El relato da muy pocas indicaciones sobre el personaje del narrador, exceptuando que se trata de un aviador caído en medio del desierto y que fue un niño con mucha imaginación antes de tener que elegir una carrera más seria. Es el confidente del principito y el intermediario entre la historia de este y el lector. Después de haber escuchado la historia del principito sobre lo que aprendió del zorro, el propio narrador aprende lecciones del niño sobre lo que hace que las cosas sean importantes o lo que es esencial en la vida, especialmente cuando busca agua en el desierto. La búsqueda del pozo indica que las lecciones deben aprenderse mediante la exploración personal y no solo con los libros.

Se puede vislumbrar fácilmente al propio Saint-Exupéry detrás del personaje del narrador: su profesión de aviador, sus sueños de infancia y su accidente en el desierto son algunos de los elementos tomados de la vida real del autor. Le dan al relato un estatus ambiguo, una mezcla de lo real y de lo maravilloso. Y ahí reside la voluntad de indicar que el cuento no debe percibirse como una simple historia para niños, sino que tiene un sentido y puede leerse en cada etapa de la vida.

LA ROSA

Aunque la rosa solo aparece en dos o tres capítulos, desempeña un papel crucial dentro de la novela en su conjunto, porque su naturaleza orgullosa y melodramática es la causa de que el principito se vaya. Pero también es su recuerdo el que le empuja a volver a su planeta: «¿Sabes?... mi flor... soy responsable… […] Sólo tiene cuatro espinas para defenderse contra todo el mundo…» (de Saint-Exupéry 2001, cap. 26).

La carga simbólica de este personaje es especialmente fuerte. La rosa puede verse como una encarnación de diferentes facetas del amor:

- en el planeta del principito, se opone a los baobabs para representar la fragilidad y la riqueza del amor;
- su comportamiento (cuando intenta ganarse el amor del principito utilizando como pretexto necesidades más o menos imaginarias para así recibir una atención constante) puede recordar al de una mujer;
- la relación que une al niño y a la rosa imita las relaciones amorosas: los errores que cometen cada uno de los dos personajes reflejan errores reales (por ejemplo, la excesiva importancia que se atribuye a los problemas cotidianos o la incapacidad de darnos cuenta de la felicidad que tenemos y no disfrutar de ella). El viaje del principito, y en concreto cuando conoce al zorro, permitirá encontrar un inicio de solución.

Por otro lado, la rosa también podría ser un personaje en clave (un personaje detrás del cual se esconde una persona real): correspondería a Louise Lévêque de Vilmorin, joven de buena familia con la que Saint-Exupéry estuvo prometido antes de dedicarse definitivamente a la carrera de piloto. Presionado por su familia para que eligiera entre el matrimonio y la aviación, Saint-Exupéry optó finalmente por la aviación, aunque lo sintió.

EL ZORRO

El zorro aparece bastante pronto, cuando el principito está traumatizado después de haber descubierto la banalidad de su rosa. Es el que le enseña al niño una de las cosas más esenciales en la vida: saber amar. Haciéndole entender el significado de la palabra «domesticar» y la importancia de los vínculos que pueden crearse con los demás, el zorro hace posible que el principito pueda acceder realmente a la amistad y al amor: «Pero si tú me domesticas, entonces tendremos necesidad el uno del otro. Tú serás para mí único en el mundo, yo seré para ti único en el mundo...» (de Saint-Exupéry 2001, cap. 21). También posee la sabiduría, ya que le hace entender al niño lo que realmente es importante en la vida y que, desgraciadamente, los adultos olvidan muy a menudo. Al final de su viaje, el zorro le desvela su secreto: «Sólo con el corazón se puede ver bien; lo esencial es invisible para los ojos.» (*ib.*).

LA SERPIENTE

Aunque la serpiente con la que se encuentra en el desierto se exprese mediante enigmas, su lenguaje requiere menos interpretación que las demás figuras simbólicas de la novela. Para entenderla no hace falta responder preguntas, ni siquiera hacerlas. Es quien conoce los misterios de la vida. De hecho, su mordedura venenosa es una alusión bíblica y significa que representa una muerte inevitable.

LOS HABITANTES DE LOS PLANETAS

Cuando el principito se va a descubrir algunos planetas, conoce a personajes alocados que representan diferentes aspectos de la naturaleza humana. Por lo tanto, se trata del mundo de los adultos y de sus defectos, que él aprenderá a conocer durante estos encuentros:

- el rey representa el ansia de poder y la necesidad de autoridad que sienten algunas personas;
- el vanidoso refleja la necesidad insaciable que tienen los hombres de que los elogien. Que esos halagos sean ciertos o no importa poco («¡Hazme ese favor, admírame de todas maneras!», de Saint-Exupéry 2001, cap. 11);
- el bebedor es la alegoría (representación de una idea abstracta mediante una imagen) de encerrarse en sí mismo y la imagen del hombre que intenta huir de la realidad;
- el comerciante es la encarnación del hombre orgulloso demasiado ocupado en obtener beneficios de lo que posee, con el objetivo de enriquecerse y cuya vida pasa sin darse cuenta;
- el farolero representa al hombre obcecado con las consignas que ha recibido y de las que no puede deshacerse, incluso si son absurdas: «No hay nada que comprender –dijo el farolero–. La consigna es la consigna.» (de Saint-Exupéry 2001, cap. 14);
- el geógrafo es la figura del sabio encerrado en su torre de marfil y en sus conocimientos basados en los libros. No tiene ningún conocimiento sobre la realidad («[el geógrafo] es demasiado importante para deambular por ahí. Se queda en su despacho», de Saint-Exupéry 2001,

cap. 15).

A través de estos personajes el autor nos muestra la futilidad de todos estos comportamientos que, sin embargo, son muy comunes entre los adultos: «Decididamente, las personas mayores son muy extrañas.» (de Saint-Exupéry 2001, cap. 11).

CLAVES DE LECTURA

UNA OBRA SIMBÓLICA

Tras la apariencia falsamente ingenua del cuento para niños, reforzada por una escritura sin complicaciones y las acuarelas muy simples que ilustran la obra, el alcance simbólico de *El principito* es considerable.

Así como enseña que lo esencial es invisible para los ojos y que se debe ver con el corazón (desde la boa que digiere un elefante en el pozo escondido del desierto, pasando por el cordero guardado en la caja), el propio cuento se deja leer como un enigma, un símbolo, una caja o una boa dentro de los cuales se han escondido verdades preciosas. Algunos de los elementos del cuento son especialmente ricos en este aspecto, en concreto:

- el viaje del principito como recorrido iniciático, que es el descubrimiento por parte del niño del mundo de los adultos;
- los personajes de la serpiente y el zorro, que la cultura occidental presenta generalmente de forma negativa y que aquí se propone que se observen desde otro punto de vista (la serpiente y la muerte que provoca como una liberación, el zorro como un amigo fiel que aprendemos a domesticar a la vez que logramos la propia amistad);
- la relación con la rosa, imagen del amor, símbolo de fragilidad, personaje en clave;
- el mismo principito, encarnación de la inocencia, de la ingenuidad y de la poesía infantiles, imagen de la infancia

en general, que hace pensar en los buenos recuerdos del narrador;

- otros elementos, como los diferentes personajes que conocemos durante el viaje del principito, que son una crítica del mundo moderno; o, de forma menos evidente, la aridez del desierto como lugar de soledad pero también de enriquecimiento y de vuelta en sí; o también el pozo, imagen del tesoro escondido en cada cosa y en cada persona.

El valor de *El principito* (y una de las posibles explicaciones a su grandísimo éxito) se debe en cualquier caso al hecho de que ninguna interpretación logrará extraer totalmente la riqueza de la obra, en la que cada uno podrá hacer nuevos descubrimientos.

UN VIAJE INICIÁTICO

El viaje del principito puede leerse como un recorrido iniciático, durante el cual el niño debe abandonar el confort y la seguridad de su casa, de su familia, para enfrentarse al mundo de los adultos, al mundo real, que debe explorar para crecer por sí mismo antes de poder volver a sus raíces. Durante este proceso, debe aprender a comprender la vida y las cuestiones esenciales que afronta todo niño: el amor, la amistad, el sentido de la vida, la muerte, etc.

De hecho, el descubrimiento del mundo adulto ocurre a veces de forma dolorosa: frente a comportamientos o reglas que no comprende y que le parecen absurdas, el principito solo obtiene explicaciones insatisfactorias o desdeñosas. En cierta forma, el mundo adulto se le resiste y lo rechaza.

Aquí hay un paralelismo evidente con la manera en la que el niño percibe las respuestas que le dan los adultas a sus numerosas preguntas.

La particularidad del viaje iniciático del principito es que, no solo permite al niño crecer, sino que también le permite al adulto enriquecerse. Así, conocer al principito le permite al narrador, paradójicamente, regresar a su estado infantil para progresar hacia una comprensión mejor de la belleza de la vida y del mundo.

UNA CRÍTICA DEL MUNDO MODERNO

La oposición entre mundo de la infancia y mundo de los adultos atraviesa el conjunto de *El principito*. Esta oposición es la ocasión para que Saint-Exupéry critique los valores de los adultos con los que se confunden los valores del mundo moderno.

Todos los personajes que conoce el principito durante su viaje, descritos de forma caricaturesca, ilustran los defectos de la modernidad:

- el materialismo (doctrina filosófica que defiende la materia prima sobre el espíritu; por extensión, el materialista es aquel que busca bienes y placeres materiales), que nos lleva a pensar que lo único que importa son los números (el comerciante, el geógrafo, las descripciones al principio del libro), el poder (el rey, el vanidoso) y las apariencias (la anécdota del astrónomo turco);
- la carrera desenfrenada detrás del tiempo, cuando conoce al comerciante de píldoras contra la sed;

- la absurdidad de algunos comportamientos, especialmente el del bebedor alcohólico o el del farolero, etc.

Frente a esto, Saint-Exupéry propone un idealismo brutal, teñido de optimismo y de fantasía. *El principito* es, por tanto, un alegato a favor de una visión poética y generosa del mundo.

PISTAS PARA LA REFLEXIÓN

ALGUNAS PREGUNTAS PARA PROFUNDIZAR EN SU REFLEXIÓN...

- ¿En qué aspecto la búsqueda del principito simboliza la de todos los niños?
- ¿Qué hace que este texto sea un cuento?
- ¿Qué da al principito una apariencia de «maravilloso»?
- La rosa es, desde siempre, una flor extremadamente simbólica. ¿A qué símbolos la asocia Saint-Exupéry en *El principito*?
- ¿Cuál es el papel del zorro?
- Este cuento enseña que lo esencial es invisible para los ojos y que solo con el corazón se puede ver bien. ¿Cómo ilustra esto Saint-Exupéry en concreto?
- Desde su punto de vista, ¿por qué ha situado el autor su historia en el desierto?
- ¿En qué aspecto constituye el viaje del principito un recorrido iniciático? ¿Conoce otras obras que evoquen un recorrido similar?
- ¿Se puede decir que el narrador también realiza, en cierta forma, un recorrido iniciático? Justifique su opinión.
- ¿Contra qué dirige Saint-Exupéry su crítica?
- Desde su punto de vista, ¿qué provocó el éxito de esta obra, tanto en los adultos como en los niños?

¡Su opinión nos interesa!
¡Deje un comentario en la página web de su librería en línea,
y comparta sus favoritos en las redes sociales!

PARA IR MÁS ALLÁ

EDICIÓN DE REFERENCIA

- de Saint-Exupéry, Antoine. 2001. *El principito*. Traducido por Bonifacio del Carril. Barcelona: Salamandra.

ESTUDIO DE REFERENCIA

- Deschodt, Eric. 1980. *Saint-Exupéry*. París: Éditions Jean-Claude Lattès.

ADAPTACIONES

- Sfar, Joann. 2008. Cómic *Le Petit Prince*. París: Gallimard BD, *colección Fétiche*.
- *The Little Prince*. Dirigida por Stanley Donen, con Richard Kiley y Steven Warmer. Reino Unido y Estados Unidos: Paramount Pictures, 1974.

EN RESUMENEXPRESS.COM

- Guía de lectura de *Vuelo nocturno* de Antoine de Saint-Exupéry.

www.resumenexpress.com

ISBN ebook: 9782806271921

ISBN papel: 9782806271938

Depósito legal: D/2015/12603/527

Cubierta: © Primento

Libro realizado por Primento, el socio digital de los editores